BEI GRIN MACHT SICH WISSEN BEZAHLT

- Wir veröffentlichen Ihre Hausarbeit, Bachelor- und Masterarbeit
- Ihr eigenes eBook und Buch - weltweit in allen wichtigen Shops
- Verdienen Sie an jedem Verkauf

Jetzt bei www.GRIN.com hochladen und kostenlos publizieren

Dennis Funken

Die Ökonomisierung der Sozialen Arbeit. Einschätzung der Vereinbarkeit, Widersprüche und Überschneidungen

GRIN Verlag

Bibliografische Information der Deutschen Nationalbibliothek:

Die Deutsche Bibliothek verzeichnet diese Publikation in der Deutschen Nationalbibliografie; detaillierte bibliografische Daten sind im Internet über http://dnb.d-nb.de/ abrufbar.

Dieses Werk sowie alle darin enthaltenen einzelnen Beiträge und Abbildungen sind urheberrechtlich geschützt. Jede Verwertung, die nicht ausdrücklich vom Urheberrechtsschutz zugelassen ist, bedarf der vorherigen Zustimmung des Verlages. Das gilt insbesondere für Vervielfältigungen, Bearbeitungen, Übersetzungen, Mikroverfilmungen, Auswertungen durch Datenbanken und für die Einspeicherung und Verarbeitung in elektronische Systeme. Alle Rechte, auch die des auszugsweisen Nachdrucks, der fotomechanischen Wiedergabe (einschließlich Mikrokopie) sowie der Auswertung durch Datenbanken oder ähnliche Einrichtungen, vorbehalten.

Impressum:

Copyright © 2013 GRIN Verlag GmbH
Druck und Bindung: Books on Demand GmbH, Norderstedt Germany
ISBN: 978-3-656-96075-1

Dieses Buch bei GRIN:

http://www.grin.com/de/e-book/299462/die-oekonomisierung-der-sozialen-arbeit-einschaetzung-der-vereinbarkeit

GRIN - Your knowledge has value

Der GRIN Verlag publiziert seit 1998 wissenschaftliche Arbeiten von Studenten, Hochschullehrern und anderen Akademikern als eBook und gedrucktes Buch. Die Verlagswebsite www.grin.com ist die ideale Plattform zur Veröffentlichung von Hausarbeiten, Abschlussarbeiten, wissenschaftlichen Aufsätzen, Dissertationen und Fachbüchern.

Besuchen Sie uns im Internet:

http://www.grin.com/

http://www.facebook.com/grincom

http://www.twitter.com/grin_com

Hochschule RheinMain

Wiesbaden, Standort Kurt-Schumacher-Ring

Fachbereich Sozialwesen

Präsenzstudiengang Soziale Arbeit (B.A.)

Wintersemester 2012/13

Modul 5.1 Organisation und Management sozialer Einrichtungen, Sozialmanagement

Hausarbeit zum Thema

Ökonomisierung der Sozialen Arbeit

Datum: 02.01.2013

Ort: Wiesbaden

Vorgelegt von: Dennis Funken

Inhaltsverzeichnis

	Seite
1. Zu Diskrepanz sowie Interessen Sozialer Arbeit und Ökonomie – Hinführung zur Ökonomisierung und deren Definition	1
2. Ursachen des Entwicklungsprozesses der Ökonomisierung	3
2.1 Neoliberalismus	4
2.2 Demografische Entwicklung	4
2.3 Standortdebatte im Kontext der Globalisierung	5
3. Aspekte des Ökonomisierungsprozesses im Detail	5
3.1 Das neue Steuerungsmodell (NSM) >New Public Management< (NPM)	5
3.2 Die Veränderungen in der Sozialgesetzgebung	7
3.3 Sozialstaatlicher Paradigmenwechsel – Vom sorgenden zum aktivierenden Sozialstaat	8
4. Management in der Sozialen Arbeit	9
4.1 Qualitätsmanagement	9
4.2 Case Management	9
4.3 Kontraktmanagement	10
5. Auswirkungen auf die Soziale Arbeit und deren Praxis	11
6. Perspektivische Schlussfolgerungen	13
7. Literaturverzeichnis	16
8. Abbildungsverzeichnis	19

1. Zu Diskrepanz sowie Interessen Sozialer Arbeit und Ökonomie – Hinführung zur Ökonomisierung und deren Definition

Einleitend interessieren in dieser Facharbeit die möglichen Widersprüche sowie Überschneidungen von Ökonomie und der Sozialen Arbeit, um zu erörtern, ob und wie vereinbar Ökonomie und die Soziale Arbeit tatsächlich sind. Die Widersprüche werden als Thesen den Überschneidungen als Antithesen gegenübergestellt, um so zu einer ersten Einschätzung der Thematik als Synthese zu gelangen. Es wird also nach der dialektischen Methode wissenschaftlichen Arbeitens verfahren.

Ein erster Anhaltspunkt findet sich in der Entstehung erster Manufakturen und der gleichzeitigen Einführung der Armenfürsorge im Zuge der Industrialisierung. Einerseits habe daraus laut Schilling und Zeller ein enormer Anstieg von Arbeitsplätzen in den Manufakturen sowie ein dementsprechendes Wirtschaftswachstum resultiert, aber andererseits hätten Bauernbefreiung und Einführung der Gewerbefreiheit zu einer städtischen Überbevölkerung geführt, welche auch durch die neu entstandenen Arbeitsplätze nicht hätten gedeckt werden können und weiterhin in Massenverarmung geendet habe (vgl. Schilling/ Zeller 2012: 34 ff.). Ein erster Widerspruch findet sich also insofern, dass sich die ökonomische Entwicklung der damaligen Zeit in einem Ergebnis niederschlug, welches wiederum mitunter zur Entwicklung der Sozialen Arbeit führte – denn wenn die Auswirkungen ökonomischer Entwicklung zur Entstehung der Sozialen Arbeit beitragen und diese versucht, die Folgen dessen zu beheben, können die jeweiligen Ziele definitiv nicht als übereinstimmend beschrieben werden.

Verweist man weiterhin auf den 1964 verstorbenen Wirtschaftshistoriker Karl Polanyi, welcher basierend auf Labitzkes Ausführungen bereits vor dem Zweiten Weltkrieg in der Sozialpolitik eine Gegenbewegung zu der ökonomischen Marktlogik und darin zudem eine Bedrohung für die menschliche Gesellschaft erkannt habe (vgl. Labitzke 2010: 98), kann sich ein zweiter deutlicher sowie fundamentaler Widerspruch von Ökonomie und Sozialer Arbeit offenbaren, wenn man >Ökonomie< auf ökonomische Marktlogik und >Soziale Arbeit< auf Sozialpolitik überträgt.

Auch die jeweiligen Definitionen von sozialen, beziehungsweise ökonomischen Interessen sowie die damit verbundenen Funktionsprinzipien scheinen in einem antagonistischen Verhältnis zu stehen. Bezieht man sich auf das Mühlums Beitrag im Fachlexikon der Sozialen Arbeit, entspräche die regulative Leitidee der Sozialen Arbeit sozialer Gerechtigkeit, deren Ziel es sei, angemessen Mittel und Güter zur Bedürfnisbefriedigung eines jeden individuellen Hilfebedürftigen bereitzustellen, beziehungsweise zu gewährleisten (vgl. Mühlum 2011: 776). Sie rückt also den >Kunden<, beziehungsweise den Klienten als solchen in den Mittelpunkt, wobei die Profitorientierung im Hintergrund steht und der >Kunde<, also der Klient nach

Möglichkeit die angebotene Hilfe, beziehungsweise Dienstleistung nicht noch einmal in Anspruch nehmen soll. Vollkommen gegensätzlich dazu stehen die ökonomischen Interessen, zu denen nach Albert Gewinnmaximierung sowie Kostenreduzierung zählen würden (vgl. Albert 2006: 26). Die Zahlungskräftigkeit des >Kunden< steht hierbei also im Mittelpunkt, die Profitorientierung im Vergleich zur Sozialen Arbeit also nicht im Hintergrund, da der zahlungskräftige >Kunde< die angebotene Leistung wiederholt in Anspruch nehmen soll.

Ebenfalls innerhalb der Ausführungen von Buestrich und Wohlfahrt finden sich Unterschiede. Während die Bedarfsdeckung in der Privatwirtschaft von Kaufkraft und Nachfrage abhänge, beanspruche der >Kunde<, also der Klient in der Sozialen Arbeit Angebote, welche über einen ökonomischen Rahmen hinausgehen würden. Diese Angebote seien als öffentliche Güter, also Dienstleistungen vorhanden und würden staatlich finanziert; ganz im Gegensatz zu den privaten Gütern im rein ökonomischen Bereich. Durch das öffentliche Angebot der Güter in der Sozialen Arbeit entfiele dort auch jegliche Form von Wettbewerbsdenken, welches sonst beispielsweise in der Privatwirtschaft vorzufinden sei. Widersprüche finden sich abschließend zudem darin, dass Konsument und Kostenträger in der Sozialen Arbeit nicht identisch seien, was die markttypischen Rückkopplungsmechanismen außer Kraft setzen würde; dass sich in der Sozialen Arbeit keine Marktsteuerung finde, da aus öffentlichem Interesse heraus vom Staat kontrolliert sowie eingegriffen würde und dass sich die angebotenen Dienstleistungen der Sozialen Arbeit nur eingeschränkt rationalisieren lassen würden sowie dementsprechende ökonomische Methoden, wie Massenproduktion dadurch nicht adäquat eingesetzt werden könnten (vgl. Buestrich/ Wohlfahrt 2008: 18 ff.).

Von einem anderen Blickwinkel aus betrachtet ist jedoch zu konstatieren, dass sich Ökonomie nach Schellbergs Formulierungen generell mit Güterknappheit befasse, also auf andere Fachbereiche und Organisationstypen übertragbar sei (vgl. Schellberg 2005: 6), wozu man also auch Soziale Arbeit zählen kann. Außerdem fänden sich in der Sozialen Arbeit und in der Ökonomie Überschneidungen hinsichtlich Effizienz, Effektivität, Qualität sowie Wirkung wieder und auch die Bereitstellung von Geldern sei für beide Bereiche gleichermaßen relevant (vgl. Buestrich/ Wohlfahrt 2008: 17). Dies widerspräche der Unvereinbarkeit von Ökonomie und Sozialer Arbeit.

Interessant in diesem Zusammenhang ist auch das Elberfelder System, welches laut Schilling und Zeller im 19. Jahrhundert als Vorbild für die Organisation der Armenpflege gegolten habe, da es für die Armenfürsorge verfügbare Mittel mit größtmöglicher Sparsamkeit gehandhabt hätte (vgl. Schilling/ Zeller 2012: 36 ff.). Durch diesen geschichtlichen Aspekt können die bereits aufgedeckten Widersprüche als teilweise hinfällig erscheinen, denn anhand dieses Systems wird deutlich, dass sich ökonomische Prinzipien mit der Armenfürsorge als Vorreiter der Sozialen Arbeit definitiv vereinbaren und von den ökonomischen Funktionsweisen auch ebenfalls steuern lassen. Ob Ökonomie und Soziale Arbeit nun vereinbar sind oder nicht, kann nicht eindeutig beantwortet werden – vielmehr ist es so, dass sie in bestimmten Zusammenhängen miteinander vereinbar sind und in anderen bestimmten Zusammenhängen eben nicht.

Anhand dieser einerseits widersprüchlichen, aber sich andererseits auch überschneidenden Aspekte von Ökonomie und Sozialer Arbeit, erscheint die Ökonomisierung der Sozialen Arbeit als komplexes Thema, das innerhalb dieser Ausarbeitung auch dementsprechend erörtert werden soll. Basierend darauf wird die dialektische Methode wissenschaftlichen Arbeitens angewendet, wie dies auch schon anlässlich der Einleitung geschah, um vor allem hinsichtlich potentieller Negativfolgen für die Praxis Sozialer Arbeit zu Thesen, hinsichtlich der Chancen zu Antithesen und im perspektivischen Fazit dieser Facharbeit zu einer Synthese hinsichtlich der Vereinbarkeit von Ökonomie und Sozialer Arbeit zu gelangen.

Um einen adäquaten Bezug zur Thematik hinsichtlich der Sozialen Arbeit herzustellen, wird folgende Definition von Ökonomisierung im Bereich der Kinder- und Jugendhilfe angeführt:

> „Ökonomisierung bezeichnet einen Prozess der betriebswirtschaftlichen Umstrukturierung bzw. Neusteuerung der Institutionen der Kinder- und Jugendhilfe. Der zentrale Fokus dieses Ökonomisierungsprozesses gilt einer Reduzierung des Einsatzes der Mittel und zielt auf eine Privatisierung des Feldes." (Kessel 2002: 1117)

Vergleicht man diese Definition mit dem Elberfelder System, kann eine Übereinstimmung hinsichtlich Kostenminimierung formuliert werden. Ob das Elberfelder System der Definition von Ökonomisierung sinngemäß entspricht, ist nicht Thema der Ausführungen dieser Arbeit. Vielmehr interessieren die gegenwärtige Form der Ökonomisierung der Sozialen Arbeit sowie die damit verknüpften Aspekte.

2. Ursachen des Entwicklungsprozesses der Ökonomisierung

Der tatsächliche Beginn der Ökonomisierung der Sozialen Arbeit in Deutschland finde sich Ptaks Meinung nach in den 1990er Jahren, denn hinsichtlich des Zusammenfalls der kommunistischen UdSSR sowie der damit verbundenen Wiedervereinigung Deutschlands, würden die Ursachen der Ökonomisierung weiter verstärkt – die neoliberale Kritik am Sozialstaat, speziell anhand der angeblichen Unfunktionalität des Sozialsystems der DDR und die Standortdebatte der Globalisierung hinsichtlich zu hoher Sozialausgaben (vgl. Ptak 2012: 78 ff.). Auch die demografische Entwicklung Deutschlands kann als Ursache angeführt werden. Diese drei fundamentalen Ursachen werden nun im Detail beschrieben.

2.1 Neoliberalismus

Zunächst wird Neoliberalismus als solcher im Gabler Wirtschaftslexikon wie folgt definiert:

> *„[...] Stärker als im klassischen Liberalismus, wird berücksichtigt, dass der Wettbewerb durch privatwirtschaftliche Aktivitäten bedroht ist, da sich ihm die Marktteilnehmer durch die Erlangung von Marktmacht zu entziehen versuchen. Daher soll der Staat den freien Wettbewerb aktiv vor dem Entstehen privatwirtschaftlicher Marktmacht wie auch vor staatlich verursachter Marktvermachtung schützen."* (Gabler 2012a: Neoliberalismus)

Die Liberalisierung, also Befreiung des ökonomischen Marktes zielt dementsprechend darauf ab, die Restriktionen, welche den Markt betreffen, aufzulösen. Zudem rücken ökonomische Interessen in den Vordergrund staatlichen Handelns, wodurch die Funktionalität des Sozialstaats Einschränkungen erfahren kann, beziehungsweise diese den ökonomischen Interessen untergeordnet werden können. Butterwegge beschreibt dies anhand zweifacher Transformation des Sozialstaats. Die Konkurrenzfähigkeit des Staates würde nach außen hin gefördert und – was im Zusammenhang mit der Sozialen Arbeit relevanter erscheint – nach innen übertrage der Staat *„[...]Marktmechanismen und Gestaltungsprinzipien der Leistungskonkurrenz bzw. betriebswirtschaftlicher Effizienz auf seine eigenen Organisationsstrukturen. [...]"* (Butterwegge 2010: 60 ff.). Geht man nun davon aus, dass diese Übertragung seit den 1990er Jahren intensiviert wurde, kann die neoliberale Entwicklung als erste Ursache festgehalten werden. Verweist man zudem erneut auf Butterwegge, sei der Auslöser der neoliberalen Entwicklungen als Folge der Weltwirtschaftskrise 1974/75 zu bezeichnen, in deren Zuge der Sozialstaat vermehrt in die Kritik geraden sei (vgl. Butterwegge 2010: 51).

2.2 Demografische Entwicklung

Von Relevanz für die Ursachen der Ökonomisierung ist vor allem, dass nach Winkler und Zander ein Rückgang der generellen Bevölkerungsgröße sowie ein Geburtenrückgang in den westlichen Industrienationen stattgefunden habe und stattfinde; ferner würde die Lebenserwartung seit 1970 stetig steigen, wodurch die deutsche Gesellschaft durchschnittlich immer älter werden würde; zudem sei die Binnenmigration von Ost- nach Westdeutschland dafür verantwortlich, dass die erwerbstätige Bevölkerung in Ostdeutschland kontinuierlich zurückgehe und dies durch die Abwanderung vor allem junger Familien nicht mehr auszugleichen sei (vgl. Winkler/ Zander 2007: 137).

Geht man nun davon aus, dass sich der Sozialstaat dazu verpflichtet, Leistungen für pflegebedürftige Senioren bereitzustellen sowie zu finanzieren, hätte er Bezug nehmend auf die demografische Entwicklung viel höhere Kosten zu decken, wodurch der Staat ansonsten an anderer Stelle Einsparungen vornehmen müsste. Nachvollziehbar wäre also, wenn die Ökonomisierung der Sozialen Arbeit dazu beitrage, dieser Entwicklung entgegenzuwirken.

Die Abbildung der ÄrzteZeitung basierend auf Zahlen des Statistischen Bundesamts hinsichtlich der Verschiebung der Altersgruppen bis 2060 verifiziert diese These, da die über 65-jährigen 2008 zusammengezählt 20% aller Einwohner ergeben, für 2060 jedoch prognostiziert wird, dass der prozentuale Anteil der über 65-jährigen auf 34% anstiege (Abb. 1).

2.3 Standortdebatte im Kontext der Globalisierung

Globalisierung begreift sich nach dem Gabler Wirtschaftslexikon folgendermaßen:

> *„Form der Strategie einer grenzüberschreitend tätigen Unternehmung [...]
> bei der Wettbewerbsvorteile weltweit mittels Ausnutzung von Standortvorteilen [...] aufgebaut werden sollen. [...]"* (Gabler 2012b: Globalisierung)

Die Grundsätze der Globalisierung zielen auf standortorientierten Wettbewerb ab, was erneut den Zielsetzungen ökonomischen Handelns entspricht, denn wo Wettbewerb stattfindet, wird in der Regel auch effektiver gearbeitet sowie auf Gewinnmaximierung abgezielt. Ptak verweist in Bezug darauf auf die Standortdebatte in deren Zuge die These formuliert worden wäre, dass geringere Sozialausgaben zur Aufrechterhaltung internationaler Wettbewerbsfähigkeit unabdingbar seien (vgl. Ptak 2012: 78), wodurch von einer Verschärfung der Standortkonkurrenz geschrieben werden kann. In diesem Zusammenhang erweisen sich auch die Gedankengänge von Rütz-Lewerenz und Thäsler als interessant. Sie gehen davon aus, dass die Debatte um Globalisierung und Wettbewerb Druck erzeuge und in Verbindung mit Haushaltsdefiziten sowie steigenden Arbeitslosenzahlen den Staat zum Handeln gezwungen habe, dessen Resultat letztendlich der sozialstaatliche Paradigmenwechsel gewesen sei (vgl. Rütz-Lewerenz/ Thäsler 2009: 417).

3. Aspekte des Ökonomisierungsprozesses im Detail

Inwiefern sich die in Punkt 2 geschilderten Ursachen tatsächlich im Zuge des Ökonomisierungsprozesses auswirken, soll nun festgehalten werden.

3.1 Das Neue Steuerungsmodell (NSM) >New Public Management< (NPM)

Basierend auf Wollesens Ausführungen sei das New Public Management ein Modell zur Effektivitäts- und Effizienzsteigerung sowie zur Steigerung von Wirtschaftlichkeit in der öffentlichen Verwaltung (vgl. Wollesen 2008: 128). Seithe gibt in ihrem Schwarzbuch der Sozialen Arbeit an, dass dieses neue Steuerungsmodell 1990 in den Kommunen verbindlich eingeführt worden wäre, um deren leere Kassen durch Rationalisierungs- und Qualitätsverbesserungsprozesse neu zu organisieren (vgl. Seithe 2012: 121). Weiterhin beschreiben Buestrich und Wohlfahrt das Ziel des NSM/ NPM als „[...] *Umbau der Verwaltung von einer Behörde zu einem Dienstleistungsunternehmen. [...]*" (Buestrich/ Wohlfahrt 2008: 20).

Das Neue Steuerungsmodell ziele laut den Ausführungen Grohs und Bogumils zunächst auf den Aufbau dezentraler sowie teilautonomer Fachbereiche, beziehungsweise Verwaltungseinheiten ab, welche über eine ebenso dezentrale Fach- und Ressourcenverantwortung sowie eigene Budgets verfügen sollten. In Bezug darauf seien Rückkopplungen an die zentrale Steuerung durch Kontraktmanagement, Controlling und Berichtswesen zu gewährleisten (vgl. Grohs/ Bogumil 2011: 302 ff.). Zum besseren Verständnis der Zusammenhänge sollen nun die Termini >Controlling< und >Berichtswesen< definiert werden:

> „*Controlling ist ein Teilbereich des unternehmerischen Führungssystems, dessen Hauptaufgabe die Planung, Steuerung und Kontrolle aller Unternehmensbereiche ist. Im Controlling laufen die Daten des Rechnungswesen und anderer Quellen zusammen.*" (Gabler 2012c: Controlling)

> „*Das Berichtswesen ist eine zentrale Aufgabe des Controllings (internes Berichtswesen), zunehmend auch des externen Rechnungswesens (Value Reporting für den Eigen- und Fremdkapitalmarkt). Ziel des Berichtswesens ist allg. die Deckung des Informationsbedarfs der Berichtsempfänger, speziell werden das Schaffen von Transparenz sowie die Vorbereitung und Kontrolle von Entscheidungen hervorgehoben.*" (Gabler 2012d: Berichtswesen)

Kontraktmanagement wird im weiteren Verlauf dieser Hausarbeit als eine Methode des Managements in der Sozialen Arbeit näher beleuchtet.

Auch die Budgetierung, also die Bestimmung sowie Erstellung eines Budgets wird von den Autoren als elementar angegeben, da sie den dezentralisierten Organisationeinheiten zu zunehmender Flexibilitäts- und Effizienzpotentialen in der Mittelverwendung verhelfe. Auf der anderen Seite solle sie diesen Organisationseinheiten bestimmte Ziele und Leistungen verpflichtend als Output-Budgetierung zuschreiben. Es entstehe also ein Übergang von der Input- zur Output-Steuerung, welche mit einer Kosten-Leistungs-Rechnung verknüpft werden solle – Leistungen seien anhand ihrer Menge, Qualität und Zielgruppen zu beschreiben und Kosten anhand von Indikatoren sowie Kennzahlen. Das NPM ziele zudem auf einen Rückzug politischer Mandatsträger aus den alltäglichen Abläufen der Verwaltung und deren Limitierung auf strategische Zielsetzungen ab, welche man im Zuge eines Kontraktmanagements zwischen Rat und Verwaltungen integrieren solle. Eine intensivierte Mitarbeiterorientierung stehe überdies im Vordergrund des NPM. Außerdem solle man die Erwartungen und Bedürfnisse von Bürgern sowie Klienten durch Organisationsumbau, Prozessinnovationen, die Stärkung einer aktiven Kundenrolle, ein aktives Beschwerdemanagement sowie durch die Einführung eines Qualitätsmanagements gewährleisten. Abschließend gehöre auch die verstärkte Wettbewerbsorientierung der Kommunen in marktlichen Wettbewerbsformen zu den Aspekten des NSM. Dies spräche laut Grohs und Bogumil zusammenfassend für vermehrte Schaffung von Autonomie in den Kommunen, welche im Gegenzug jedoch neuen Steuerungs- und Kontrollmechanismen begleitet würden (vgl. Grohs/ Bogumil 2011: 303).

Buestrich und Wohlfahrt formulieren die Ziele des New Public Management wie folgt: „*[...] Schaffung von unternehmensähnlichen, dezentralen Führungs- und Organisationsstrukturen [...] Ersetzen der für Behörden typischen Inputsteuerung (die jährliche durch den Haushaltsplan erfolgte Zuteilung von Personal, Finanz- und Sachmitteln) durch eine outputorientierte (ergebnisbezogene) Steuerung auf der Basis strategischer Ziele [...] Aktivierung der Verwaltungsmitarbeiter durch die Einführung von organisationsinternem Wettbewerb [...]*" (Buestrich/ Wohlfahrt 2008: 20 ff.). Sie verweisen zudem auf Controllingfunktionen, welche der Verselbstständigung der einzelnen autonomen Fachbereiche entgegenwirken würden sowie seien Berichtswesen und Kostenrechnung hinsichtlich Produktbeschreibungen von Wichtigkeit, um mit Produkten zusammenhängende Leistungen erfassen, vergleichen und bewerten zu können (vgl. Buestrich/ Wohlfahrt 2008: 21).

Um das komplexe Modell des New Public Management zu veranschaulichen sowie zu visualisieren, eignet sich dessen Kompaktversion aus der Internetausgabe des Gabler Wirtschaftslexikons (Abb. 2).

3.2 Die Veränderungen in der Sozialgesetzgebung

Auch bezüglich der Veränderungen in der Sozialgesetzgebung erweisen sich die Ausführungen von Buestrich und Wohlfahrt als interessant.

> „*Der Versuch, mehr Trägerkonkurrenz zu erzeugen, wurde auch auf andere Bereiche übertragen, als 1994 mit der Neufassung von § 93 BSHG erstmals Wirtschaftlichkeitsregeln für die Träger von sozialen Einrichtungen formuliert wurden, die seither mehrfach (1996 und 1999) präzisiert und weiterentwickelt wurden. Mit den seit dem 1999 in Kraft getretenen Neufassungen von § 93 BSHG (Leistungsvereinbarungen) und §§ 78a-78g KJHG (Vereinbarungen über Leistungsangebote, Entgelte und Qualitätsentwicklung) kennt die Sozialgesetzgebung keine freien Träger mehr, sondern nur noch Leistungserbringer.*" (Buestrich/ Wohlfahrt 2008: 20)

Somit zielen die Veränderungen in der Sozialgesetzgebung darauf ab, dass lediglich noch privatgewerbliche Träger am Wettbewerb teilnehmen sollen, beziehungsweise dürfen. So seien nach Buestrich und Wohlfahrt „[...] Auflösung und Eliminierung der bedingten Vorrangstellung der Freien Wohlfahrtspflege [...]" (Buestrich/ Wohlfahrt 2008: 20) Ziele dieser Veränderungen. Die beiden Autoren beschreiben überdies weitere Ziele als Freisetzung von Leistungsreserven bei den Leistungserbringern sowie Kostensenkung der sozialen Dienstleistungserbringung insgesamt. Markttransparenz solle zudem durch Kosten- und Leistungsvergleiche geschaffen werden, was wiederum das den Klienten zugängliche Angebot steuern solle. (vgl. Buestrich/ Wohlfahrt 2008: 20)

3.3 Sozialstaatlicher Paradigmenwechsel – Vom sorgenden zum aktivierenden Sozialstaat

Das sozialstaatliche Modell als Resultat der deutschen Nachkriegszeit habe auf der Erkenntnis beruht, dass die Grundlage der Gesellschaft nicht einzig auf dem Konkurrenzprinzip des Marktes basieren könne. So beschreibt Galuske einen der Grundsätze des sorgenden Sozialstaats (vgl. Galuske 2008: 187). Begründet sei dies darauf, dass jenes Prinzip zu viel Ungleichheit und soziale Verwerfungen produziere. Diese Form des Sozialstaats garantiere Schutz vor den Auswüchsen des Marktes und sorge für Umverteilung zur Milderung. Dies habe in den 1970er und 1980er Jahren den Nährboden für Expansion sowie fachliche Ausdifferenzierung der Sozialen Arbeit geschaffen. Das Modell sei jedoch durch Folgen von Globalisierung und marktliberaler Wirtschaftsordnung zunehmend kritisiert worden, welches in der Praxis als Modell des nun aktivierenden Sozialstaats unter anderem in der Agenda 2010 und den Hartz-Reformen, also in einem Paradigmenwechsel resultiert habe (vgl. ebd.: 187 ff.).

Der aktivierende Sozialstaat kennzeichne sich vor allem durch *„weniger staatliche Regulierung und mehr Markt und Konkurrenz. Die unhinterfragte Basisideologie ist die, dass der Markt das grundsätzlich leistungsfähigere Steuerungsinstrument ist, [...] Zum anderen setzt der aktivierende Sozialstaat auf die Forderung und Förderung von mehr Eigenverantwortung der Bürger. [...] Der Staat kann sich die Gewährleistung von Sicherheitsnetzen nicht mehr leisten und steuert um. Neben einer Privatisierung sozialer Risiken sieht der neue, aktivierende Sozialstaat sein primäres Ziel darin, den Einzelnen so zu „fördern und zu fordern", dass er auf dem (Arbeits-)Markt bestehen kann."* (ebd.: 188 ff.).

4. Management in der Sozialen Arbeit

In diesem thematischen Untergliederungspunkt soll auf drei verschiedene Methoden des Managements in der Sozialen Arbeit eingegangen werden, wobei die tatsächlichen Auswirkungen in diesem Punkt nicht aufgeführt werden sollen – es geht vielmehr um die jeweiligen Definitionen und Ziele.

4.1 Qualitätsmanagement

Im Rahmen der Ökonomisierung der Sozialen Arbeit und der Innovationen des New Public Management (NPM), wurde auch das Qualitätsmanagement in die Soziale Arbeit implementiert. Es sei im Zuge der Neustrukturierung der Sozialen Arbeit eingeführt worden, um Qualitätseinbrüche mit der gleichzeitigen Einführung von Qualitätswettbewerb zu vermeiden (vgl. Seithe 2012: 203). So beschreibt Seithe die Hintergründe der Einführung des Qualitätsmanagements und definiert den Terminus folgend so:

> *„Qualitätsmanagement oder QM bezeichnet grundsätzlich alle organisierten Maßnahmen, die der Verbesserung von Produkten, Prozessen oder Leistungen jeglicher Art dienen. Ziel des Qualitätsmanagements ist es, die vorhandenen Ressourcen, Kompetenzen und Prozesse so zu organisieren, dass die Qualitäten der Leistungserbringung für die Adressatinnen und Adressaten optimiert werden."* (ebd.: 204)

Es zeichne sich zudem durch Ergebnis-, Struktur- und Prozessqualität aus. Im Rahmen der Sozialen Arbeit ermesse sich Ergebnisqualität in der Regel an Wirkungsweise und Effektivität einer methodischen Handlung; Strukturqualität beschreibe die Qualität der Rahmenbedingungen, wozu unter anderem Personalschlüssel sowie Zeitkontingente zählen würden und Prozessqualität sage etwas über die Qualität des Prozesses der Unterstützungsleistung aus (vgl. ebd.: 88).

4.2 Case Management

Als ein Resultat der Kritik des Sozialstaats sowie dem damit verbundenen Paradigmenwechsel geben Rütz-Lewerenz und Thäsler das Case Management an. Sie erklären Case Management auf Mikroebene als eine fachliche Methode, welche beraterische Elemente mit Ressourcen der Klienten verbinde, was letztendlich zu einer Entwicklung eines professionellen Netzwerkmanagements führe. Auf der Mesoebene stelle Case Management ein Arbeitsprinzip dar, das Steuerung durch Kontrakte, Zielvereinbarungen, Projektmanagement, Evaluation und die damit verbundene Wirtschaftlichkeit von Beratung fokussiere. Auf der Makroebene würden der politische Hintergrund sowie die verwaltungstechnischen und sozial- sowie gesundheitsökonomischen Rahmenfestlegungen von zentraler Bedeutung sein (vgl. Rütz-Lewerenz/ Thäsler 2009: 417 ff.).

Die Autoren verweisen hinsichtlich der Anwendung des Case Managements in der Sozialen Arbeit auf die breite Anwendung in verschiedensten Arbeitsfeldern. Die Methode des Case Managements verfolge das Ziel, sich an gewissen Leitprinzipien zu orientieren und nicht, dass Hilfen sowie Organisation vom Berater sichergestellt würden. Die Leitprinzipien würden in das Empowermentprinzip zur Herstellung wirtschaftlicher Selbstständigkeit sowie selbstständiger Lebensführung des Klienten durch dessen Ressourcennutzung; in das Prinzip der Nutzerorientierung zur Problemlösung durch das Aufgreifen von Problemen aus Sicht des Klienten und das Respektieren dessen Autonomie; sowie in das Effizienzprinzip zum optimalen Aufbau von Hilfen und zur Vermeidung von Mehrfachleistungen durch adäquate Planung untergliedert (vgl. ebd.: 418).

Zudem beschreiben die Autoren die sechs Phasen des Case Managements wie folgt:
*„1. Engagement: Kontaktaufnahme und Prüfung der Zuständigkeit
2. Assessment: Zusammentragen des Ressourcenpools: Finanzen, Motivationen, Netzwerke...
3. Planning: Erstellung eines gezielten Hilfeplans unter Einbeziehung der Netzwerke
4. Monitoring: Überwachung des Prozesses der Leistungserbringung; Soll-Ist-Vergleich
5. Evaluation: Kontrolle und Bewertung des Erfolgs der Leistungen und der Zusammenarbeit
6. Disengagement: Beendigung des Prozesses"* (ebd.: 419)

4.3 Kontraktmanagement

Im Zuge der veränderten Sozialgesetzgebung in SGB VIII und KJHG spielt das Kontraktmanagement eine signifikante Rolle. Grohs und Bogumil verweisen auf die Abkehr vom Kostenselbstdeckungsprinzip der öffentlichen und freien Träger sowie auf die Einführung einer Kontraktualisierung der kommunalen Leistungsbeziehungen, wodurch ein Auftraggeber-Auftragnehmer-Verhältnis geschaffen werde, in dessen Folge die entsprechenden Verwaltungsorgane Leistungsziele definieren und die jeweiligen Träger mit einem Budget ausstatten würden, damit die Umsetzung der Ziele gewährleistet werden könne – damit gehe oftmals eine Budgetkürzung einher. Mit diesen Kontrakten, also Vereinbarungen hinsichtlich Leistung sowie Qualität würde die Leistungserbringung und die Übertragung von Qualitätsmanagementsystemen verpflichtend für die Träger festgelegt werden. Es solle im Kontraktmanagement zudem eine interne wie externe Koordinieren und Vernetzung freier und öffentlicher Träger stattfinden (vgl. Grohs/ Bogumil 2011: 305 ff.).

Grohs und Bogumil definieren die Ziele des Kontraktmanagements folgendermaßen:

> *„Kontraktmanagement und Leistungsvereinbarungen wurden mit den Zielen eingeführt, die Trägerstrukturen vermehrt über die Leistungsseite zu steuern, dabei von den freien Trägern vermehrt Rechenschaft über Qualität und Kosten einzufordern und sie damit vermehrt unter Wettbewerb zu setzen."* (ebd.: 310)

Zur Veranschaulichung und zum besseren Verständnis des Kontraktmanagements an sich eignet sich eine Grafik des Olev-Verwaltungslexikons zum Managementzyklus des Kontraktmanagements, welches jedoch nicht explizit auf öffentliche oder freie Träger angewendet wird, dennoch einen veranschaulichenden Überblick verschaffen soll (Abb. 3).

5. Auswirkungen auf die Soziale Arbeit und deren Praxis

Eine tatsächliche und eindeutige Erörterung der Auswirkungen auf die Soziale Arbeit erweist sich als komplex, da es darauf ankommt, von welchem Blickwinkel aus die Veränderungen innerhalb des Fachbereichs betrachtet werden. Von einem ökonomischen Blickwinkel aus betrachtet könnten die Auswirkungen hauptsächlich als positiv bezeichnet werden, während die Auswirkungen auf die Praxis der Sozialen Arbeit von Fachkräften dieses Bereichs kritisch oder auch negativ betrachtet werden könnten.

So verweisen Grohs und Bogumil im Handbuch Soziale Dienste hinsichtlich des Modells der neuen Steuerung auf folgende Aspekte: *„ [...] deutliche Verbesserungen im Bereich der Bürger- und Klientenorientierung (Servicequalität, ganzheitliche Fallbetreuung) bei den öffentlichen Trägern [...] einer verstärkten Thematisierung von Qualitätsaspekten der sozialen Dienste [...] Verwaltungsmodernisierung hat ein günstiges Reformklima geschaffen [...]"* (Grohs/ Bogumil 2011: 307). Ptak schreibt von der Implementierung klarerer professionellerer Organisationsstrukturen und erhöhter öffentlicher Akzeptanz der Sozialen Arbeit, verweist im Gegenzug jedoch auf die Marktstrukturen, welche nicht auf die situationsabhängige Klientenorientierung übertragen werden könne (vgl. Ptak 2012: 80). Albert äußert sich kritisch bezüglich der Auswirkungen des NSM auf die Arbeitsweise der professionellen Sozialen Arbeit, welche tiefgreifend in die Handlungs- und Denkweise der Sozialen Arbeit eingreife und das Bewusstsein der Fachkräfte Sozialer Arbeit bestimme (vgl. Albert 2006: 27). Anhand dieser Thesen kann also davon ausgegangen werden, dass durch das New Public Management vor allem eine Verbesserung von Organisationsstrukturen und Qualitätsansprüchen einhergeht, die Vereinbarkeit mit der Komplexität des methodischen Arbeitens innerhalb der Sozialen Arbeit jedoch als problematisch erweist. Es kann also hinsichtlich dieses Aspektes von keiner eindeutig positiven oder eindeutig negativen Auswirkung auf die Soziale Arbeit und deren Praxis geschrieben werden.

Um eine konkrete Methode des Managements der Sozialen Arbeit aufzugreifen, erweisen sich vermeintlich Vor- sowie Nachteile des Case Managements als interessant. Rütz-Lewerenz und Thäsler beschreiben den Erfolg des Case Managements als Professionalisierung der Fachkräfte und deren wirksamere Arbeit in der Sozialen Arbeit mit gleichzeitiger Abwendung von dem klischeebehafteten Bild der Gesellschaft vom >typischen Sozialarbeiter<. Aufgrund knapper werdender Budgets, würden soziale Organisationen zudem längerfristige Planungssicherheit erhalten, wodurch auch Bund, Länder, Kommunen und Gemeinden ihre Ausgaben begrenzen könnten (vgl. Rütz-Lewerenz/ Thäsler 2009: 418). Die Autoren formulieren jedoch ebenfalls mögliche Negativauswirkungen bezüglich der Methode des Case Managements. Die Anwender dieser Methode wie auch deren Klienten sähen hauptsächlich, dass der Hilfprozess kostengünstig ablaufen solle und würden sich selbst nicht im tatsächlichen Mittelpunkt des Geschehens erkennen. Zudem seien Sanktionen für den Klienten die Folge, wenn dieser den Zielen des Hilfeprozesses praktisch nicht folgen könnte, was in finanziellen Kürzungen der angebotenen Hilfen oder gar im Abbruch des Hilfeprozesses enden könne (vgl. ebd.: 419). Auch hinsichtlich dieses Aspekts der Auswirkungen kann weder von eindeutig positiven noch eindeutig negativen Folgen geschrieben werden. Die Einführung des Case Managements verhilft zu effektiverer Arbeit sowie mehr und mehr zu einem öffentlich, also gesellschaftlich anerkannten Professionsstatus. Kritisch können jedoch die Auswirkungen auf die Zusammenarbeit von Klient und Dienstleister betrachtet werden, da alleine durch die Thematik möglicher Sanktionen ein vertrauensvolles Verhältnis, beziehungsweise der alleinige Aufbau von Vertrauen seitens des Klienten als fragwürdig erscheint, es im Gegenzug sogar einen gewissen Druck erzeugen kann. Verknüpft der Klient nämlich die Sanktionen mit deren Anwender in der Praxis, kann dies zu einer gewissen Voreingenommenheit der angebotenen Leistungen sowie zu einer Ablehnungshaltung diesbezüglich und vor allem auch bezüglich der Fachkraft selbst führen.

Mechthild Seithe beschreibt in ihrem Schwarzbuch Sozialer Arbeit aus Sicht der Praxis der Sozialen Arbeit und repräsentiert auch deren Position sowie Argumentation. Dabei geht sie explizit kritisch auf die Folgen neoliberaler Veränderungen ein. Die Folgen der neoliberal orientierten Reformen seien unter anderem „ *[...] Massiver und nicht enden wollender Sparkurs [...] Verschlechterte Arbeitsbedingungen [...] Rückzug des Staates aus seiner sozialen Verantwortung [...] Soziale Einrichtungen werden wirtschaftliche Unternehmen [...] Wichtigster Auftrag für Sozialarbeitende: Kostensparen [...] Fachfremde Definition fachlicher Aspekte [...] Fachfremde Zielorientierung und Erfolgsdefinition [...] Neues leitendes Menschenbild [...]"* (Seithe 2012: 347 ff.). Vereinfacht formuliert geht der Neoliberalismus davon aus, der

Sozialstaat sei zu teuer. Aber wenn der Sozialstaat wirklich zu teuer sein sollte, könnte es sich bezüglich dessen als schwierig erweisen, Konsens hinsichtlich wirkungsvoller Alternativen zu erzeugen. Die Autorin verweist in Bezug darauf scheinbar auf keine effektiven Alternativen, einmal abgesehen davon, dass der subjektive Eindruck entsteht, den Prozess der Ökonomisierung rückgängig zu machen sei die einzige Alternative, da weiterhin der Eindruck entsteht, die Ökonomisierung stelle für die Autorin in der Praxis anscheinend etwas hauptsächlich Negatives oder Hinderliches dar. Sie erkennt und benennt zwar einige Chancen des Ökonomisierungsprozesses für die Soziale Arbeit – beispielsweise die vermehrte Akzeptanz bei Kooperationspartnern aufgrund der Verwendung von Begrifflichkeiten des Kontraktmanagements (vgl. Seithe 2012: 120) – geht dabei aber ausschließlich von dem Blickpunkt der Arbeit mit den KlientInnen aus (vgl. Seithe 2012: 119) und ordnet in ihren Ausführungen andere hinsichtlich der Thematik ebenfalls relevante Aspekte jedoch größtenteils der Praxisrelevanz aus ihrer subjektiven Sicht unter. Sicherlich hat diese praxisrelevante Betrachtungsweise ihre Berechtigung, jedoch interessieren innerhalb der Ausführungen dieser Arbeit Betrachtungsweisen, welche über die reine Praxisrelevanz hinausgehen.

6. Perspektivische Schlussfolgerungen

Anhand der geschilderten Auswirkungen der Ökonomisierung auf die Soziale Arbeit kann resümiert werden, dass positive wie negative Auswirkungen gleichermaßen für eine Argumentation in eine jeweilige Richtung herangezogen werden können. Auch anhand der gegenübergestellten Thesen sowie Antithesen bezüglich der auch praktischen Auswirkungen auf die Soziale Arbeit, kann also erneut noch keine eindeutige Synthese formuliert werden.

Dass zwei so unterschiedlich zueinander stehende Fachbereiche möglicherweise einen längeren Zeitraum in Anspruch nehmen, um deren gegensätzliche Motive und Grundlagen auch effektiv miteinander verbinden sowie aufeinander abstimmen zu können, wird in der ausgewählten Ausführungen der verschiedenen Autoren nicht ersichtlich, erscheint jedoch als potentieller Lösungsvorschlag, beziehungsweise als eine Perspektive innerhalb der Sozialen Arbeit. Dass die beiden Fachbereiche unweigerlich Schritte aufeinander zugehen müssen, um miteinander vereinbar zu sein und dass nicht einer der Fachbereiche den jeweils anderen dominieren sollte, wird an den bereits aufgedeckten Widersprüchen und Unstimmigkeiten innerhalb der Ausführungen dieser Hausarbeit deutlich. Dass Ökonomie und Soziale Arbeit jedoch gleichermaßen voneinander profitieren können, kristallisiert sich ebenfalls anhand der Ausführungen heraus – Soziale Arbeit erfährt eine besondere Art der Professionalisierung durch neue Organisationsstrukturen sowie neue Qualitätsansprüche und die Ökonomie kann im Gegenzug ihre eigenen Interessen in einem weiteren Fachbereich vertreten.

Ersichtlich wird auch nicht, warum die aktivierenden Komponenten des Sozialstaats sowie der Sozialen Arbeit eine angemessene Wirkung zwingend verfehlen müssen. Nur weil davon ausgegangen wird, dass Menschen als Individuen aktiviert und dazu animiert werden sollen, mit ihrem individuellen Lebensumständen sowie den damit verknüpften Problemen so autonom wie möglich zu verfahren und diese nach Möglichkeit selbst handhaben sollen, heißt dies nicht zwingend, dass sich die Soziale Arbeit fachlich in eine >falsche< oder >negative< Richtung entwickelt.

Selbstredend ist dabei natürlich, dass es bei diesem Verfahren einer Umstrukturierung bedarf, welche ja bereits im Gange ist. Differenzierter betrachtet ist jedoch ebenfalls von Relevanz, inwiefern diese Umstrukturierung praktisch gestaltet wird, denn schließlich kann hinsichtlich der Produktivität und Akzeptanz innerhalb der Sozialen Arbeit nicht erwartet werden, dass sich eine Veränderung innerhalb eines kurzen Zeitraums vollzieht, wenn bedacht wird, dass die Soziale Arbeit ursprünglich auf einem gänzlich anderem System des Sozialstaats mit gänzlich unterschiedlichen Motiven aufgebaut war und sich dies über Jahrzehnte hinweg etablierte. Andernfalls könnte daraus nämlich ein Öffentlichkeits- oder Gesellschaftsbild entstehen, was die Soziale Arbeit als einen von der Wirtschaft missgestalteten und zerrütteten Fachbereich bezeichnen würde, wenn sich eine Veränderung zu abrupt, zu tiefgreifend und zu weitreichend darstellen würde.

Auch sollte nachvollziehbar sein, dass es Bereiche der Sozialen Arbeit gibt, auf welche dieses System nicht zwingend übertragen werden kann, weil es die Zielsetzungen in diesen Bereichen verfehlen würde oder diese nicht miteinander vereinbar wären. Autonomieförderung stände sicherlich in einem unterschiedlichen Kontext hinsichtlich deren Anwendung, wenn man einen arbeitssuchenden Hartz-IV-Empfänger einem Patienten einer Psychiatrie gegenüberstellen würde, welchen man jeweils mit Kompetenzen der Sozialen Arbeit begegnen sollte. Auch auf Kinder in Kindertageseinrichtungen scheint dieses Autonomieverständnis nicht anwendbar zu sein, da Kinder ein gänzlich anderes Verständnis von Leben, Werten, Normen und letztendlich Autonomie aufweisen als Erwachsene.

Ein weiterer Aspekt stellt sich zudem insofern dar, als dass die Perspektive einer Thematik oftmals, wenn nicht sogar immer davon abhängt, wie sie aufgegriffen und förderlich in dem entsprechenden thematischen Kontext weiterverarbeitet wird. Einen wichtigen Einfluss können in Bezug darauf die Fachhochschulen üben, da sie Inhalte der Sozialen Arbeit als solche und des Sozialmanagements miteinander verknüpfen sowie weiterhin einen Praxisbezug herstellen können. Die Fachhochschulen können künftige Fachkräfte in Bezug darauf zudem in Selbstbewusstsein, Selbstsicherheit und Autonomie bestärken.

Interessant in einem perspektivischen Kontext erscheinen zudem vier Thesen von Ronald Lutz, in denen er die konstruktive Aufnahme der Ökonomisierung, ein konsequenteres Verständnis von Dienstleistung sowie Prinzipien aktivierenden Handelns in der Sozialen Arbeit als deren Anforderungen angibt, welchen die Soziale Arbeit entsprechen müsse und weiterhin auf den zu bewältigenden Spagat zwischen ethischem Selbstverständnis der Sozialen Arbeit sowie gegenwärtigen politischen und ökonomischen Anforderungen verweist (vgl. Lutz 2008: 3).

Zusammenfassend stellt sich also nicht die Frage, was für die Soziale Arbeit tatsächlich förderlich oder hinderlich ist, sondern vielmehr, in welche Richtung sie sich entwickeln möchte oder solle. Hinsichtlich dessen erweisen sich Aspekte des ethischen Selbstverständnisses der Sozialen Arbeit als zutreffender und hinsichtlich der Fragestellung als effektiver, als die jeweils rein fachlichen Bezüge von Ökonomie und der Sozialen Arbeit.

Es entsteht der Eindruck, die Soziale Arbeit und deren Fachkräfte würden sich von dem Ökonomisierungsprozess und den damit verbundenen neuen methodischen Einführungen kontinuierlich zurückdrängen lassen, anstatt die Veränderungen als positiv aufzugreifen und diese in die bereits bestehende Profession der Sozialen Arbeit zu implementieren. Denn ein Fachbereich ist letztendlich nur so erfolgreich wie dessen Mitarbeiter – nicht dessen Strukturen. Dementsprechend offensiv können die Fachkräfte auf die neuen Inhalte zugehen und weiterhin auch fachliche Eigenansprüche stellen. Soziale Arbeit stellt eine eigenständige Profession dar und gilt nicht als ein Zweig der Ökonomie.

Als tatsächlich abschließendes Fazit, beziehungsweise endgültige Synthese kann formuliert werden, dass der Ökonomisierungsprozess für die Soziale Arbeit eine Chance, wie gleichermaßen auch ein Risiko darstellt. Verlieren sich fachliche Komponenten der Sozialen Arbeit in dem Ökonomisierungsprozess oder profitiert die Soziale Arbeit von dessen Modernisierungsaspekten erweist sich wohlmöglich als die zentrale Frage der Thematik. Ökonomie und Soziale Arbeit lassen sich definitiv vereinbaren, es bedarf lediglich einer angemessenen ausgeglichenen Verteilung der Inhalte beider Fachbereiche sowie gegenseitiger Akzeptanz hinsichtlich der Realisierung und Vereinbarung von teilweise doch recht gegensätzlichen fachlichen Motiven oder Hintergründen.

7. Literaturverzeichnis

Albert, Martin (2006): Die Ökonomisierung der Sozialen Arbeit; In: Sozial Extra, Nr. 30/2006, S. 26-31

Buestrich, Michael/ Wohlfahrt, Norbert (2008): Die Ökonomisierung der Sozialen Arbeit; In: Bundeszentrale für politische Bildung(Hrsg.): Aus Politik und Zeitgeschichte, Nr. 12-13/2008, S. 17-24

Butterwegge, Christoph (2010): Neoliberale Modernisierung, Sozialstaatsentwicklung und Soziale Arbeit; In: Michel-Schwartze, B. (Hrsg.): „Modernisierungen" methodischen Handelns in der Sozialen Arbeit; Wiesbaden: VS Verlag für Sozialwissenschaften | Springer Fachmedien Wiesbaden GmbH, S. 49-88

Gabler Verlag (Hrsg.) (2012a), Gabler Wirtschaftslexikon: Stichwort: Neoliberalismus, online im Internet: http://wirtschaftslexikon.gabler.de/Archiv/10396/neoliberalismus-v4.html; gesehen am 29.11.2012

Gabler Verlag (Hrsg.) (2012b), Gabler Wirtschaftslexikon: Stichwort: Globalisierung, online im Internet: http://wirtschaftslexikon.gabler.de/Archiv/6406/globalisierung-v10.html; gesehen am 30.11.2012

Gabler Verlag (Hrsg.) (2012c), Gabler Wirtschaftslexikon: Stichwort: Controlling, online im Internet: http://wirtschaftslexikon.gabler.de/Archiv/399/controlling-v6.html; gesehen am 30.11.2012

Gabler Verlag (Hrsg.) (2012d), Gabler Wirtschaftslexikon: Stichwort: Berichtswesen, online im Internet: http://wirtschaftslexikon.gabler.de/Archiv/5838/berichtswesen-v5.html; gesehen am 30.11.2012

Galuske, Michael (2008): Fürsorgliche Aktivierung – aber kostengünstig! Zur Kritik der Dienstleistungsorientierung; In: Brinkmann, V. (Hrsg.): Personalentwicklung und Personalmanagement in der Sozialwirtschaft; Wiesbaden: VS Verlag für Sozialwissenschaften | GWV Fachverlage GmbH, S. 186-198

Grohs, Stephan/ Bogumil, Jörg (2011): Management sozialer Dienste; In: Evers, A. et al. (Hrsg.): Handbuch Soziale Dienste; Wiesbaden: VS Verlag für Sozialwissenschaften | Springer Fachmedien Wiesbaden GmbH, S. 299-314

Kessel, Fabian (2002): Ökonomisierung; In: Schröer, W./ Struck, N./ Wolff, M.(Hrsg.): Handbuch Kinder- und Jugendhilfe; Weinheim und München: Juventa Verlag, S. 1113-1128

Labitzke, Jan (2010): Ökonomisierung des Sozialen? Zum Verhältnis von Wirtschafts- und Sozialpolitik; In: Benz, B./ Boeckh, J./ Mogge-Grotjahn, H. (Hrsg.): Soziale Politik – Soziale Lage – Soziale Arbeit; Wiesbaden: VS Verlag für Sozialwissenschaften | Springer Fachmedien Wiesbaden GmbH, S. 98-114

Lutz, Ronald: Perspektiven der Sozialen Arbeit (2008): Die Ökonomisierung der Sozialen Arbeit; In: Bundeszentrale für politische Bildung (Hrsg.): Aus Politik und Zeitgeschichte, Nr. 12-13/2008, S. 3-10

Mühlum, Albert (2011): Sozialarbeit/Sozialpädagogik; In: Deutscher Verein für öffentliche und private Fürsorge e.V. (Hrsg.): Fachlexikon der Sozialen Arbeit; Baden-Baden: Nomos Verlagsgesellschaft, S. 773-777

Ptak, Ralf (2012): Ökonomisierung der Sozialen Arbeit und ihre Alternativen; In: Standpunkt: Sozial, Nr. 1-2/2012, S. 78-83

Rütz-Lewerenz, Günter/ Thäsler, Gerhard (2009): Neue Methoden zur Steuerung im Sozial- und Gesundheitsbereich – oder: Wie Case Management zur Rollenkonfusion führt; In: Pühl, H. (Hrsg.): Handbuch Supervision und Organisationsentwicklung; Wiesbaden: VS Verlag für Sozialwissenschaften | GWV Fachverlage GmbH, S. 411-427

Schellberg, Klaus Ulrich (2005): Betriebswirtschaftslehre für die Soziale Arbeit; PDF-Text-Download von [basa-online]

Schilling, Johannes/ Zeller, Susanne (2012): Soziale Arbeit – Geschichte – Theorie – Profession; 5., durchgesehene Auflage, München: Ernst Reinhardt Verlag

Seithe, Mechthild (2012): Schwarzbuch Soziale Arbeit; 2., durchgesehene und erweiterte Auflage, Wiesbaden: VS Verlag für Sozialwissenschaften | Springer Fachmedien Wiesbaden GmbH

Winkler, Michael/ Zander, Margherita (2007): Demografischer Wandel – Das verdrängte Problem; In: Hering, S. (Hrsg.): Bürgerschaftlichkeit und Professionalität – Wirklichkeit und Zukunftsperspektiven Sozialer Arbeit; Wiesbaden: VS Verlag für Sozialwissenschaften | GWV Fachverlage GmbH, S. 135-144

Wollesen, Bernt (2008): Human Resources in der (Sozial-)Verwaltung, Mitarbeiteraufgaben in modernisierten Verwaltungsstrukturen. Zum organisatorischen Erfolg der Konzepte des

New Public Management; In: In: Brinkmann, V. (Hrsg.): Personalentwicklung und Personal-
management in der Sozialwirtschaft; Wiesbaden: VS Verlag für Sozialwissenschaften | GWV
Fachverlage GmbH, S. 127-132

8. Abbildungsverzeichnis

Abbildung 1: Verschiebung der Altersgruppen in Deutschland bis 2060; ÄrzteZeitung vom 22.02.2012; zitiert nach Statistisches Bundesamt; gesehen am 30.11.2012:
http://www.aerztezeitung.de/img.ashx?f=/docs/2012/02/23/330_0008_3595547_033a0802-A.jpg&w=300

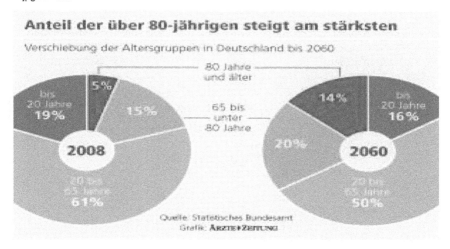

Abbildung 2: Kompaktversion New Public Management; Gabler Wirtschaftslexikon Internetausgabe, gesehen am 30.11.2012:
http://wirtschaftslexikon.gabler.de/graphs/37/12887_compact.gif

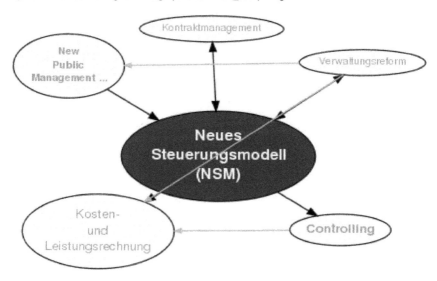

Abbildung 3: Managementzyklus Kontraktmanagement: Olev-Verwaltungslexikon Internetausgabe; gesehen am 01.12.2012: http://www.olev.de/m/m-kreislauf-kontraktmgmt.jpg

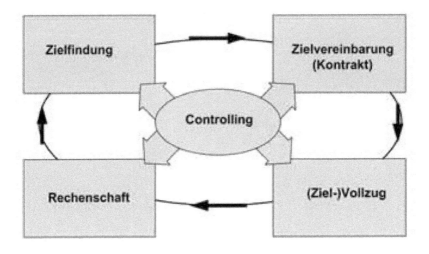

Abbildung: Managementzyklus Kontraktmanagement

Lightning Source UK Ltd.
Milton Keynes UK
UKHW040630270519
343383UK00002B/734/P